未来を広げる

生成AI

② 生成AIができること

監修：坂本良晶

汐文社

この本の使い方

 マンガでわかる！

生成AIのどんな特徴が社会を変えていくのかを、実際のニュースをもとにマンガで紹介します。

 ニュースがわかる！

マンガのもとになった生成AIについてのニュースを解説。すべて実際に起きたことです。

各回でとりあげた生成AIの特徴を4つのポイントに分けて解説していきます。ここで理解を深めましょう。

3 生成AIを使ってみよう

Canvaというサービスを利用して、学校の授業の中で、生成AIを使ってみましょう。実際に授業で行われた例を紹介しています。

もくじ

生成AIってなんだろう？	4
01 文章がつくれる！	6
02 音声がつくれる！	10
03 画像がつくれる！	14
04 動画がつくれる！	18
05 プログラムがつくれる！	22
Canvaで生成AIを使ってみよう！	26
さくいん	30

生成AIってなんだろう？

1 AI（人工知能）とは？

AIとは、人間の頭脳のように働くコンピューターのことです。人間が教えたことを覚えて、問題を解いたり、仕事をしたりします。例えば、写真の中にネコがいるかどうかを見分けたり、天気を予報したりすることを自動で行います。スマートフォンの音声アシスタントもAIの一種です。AIはあたえられた目的を果たしながら、私たちの生活をより便利にしています。ただ、人間のように自由に考えられるわけではありません。

2 生成AI（ジェネレーティブAI）とは？

生成AIとは、新しいものをつくり出せるAIのことです。たくさんの情報を自分で学び、学んだことを活かして、新しいものをつくり出します。この技術を「ディープラーニング」といいます。例えば「イヌとネコが友だちになる絵を描いて」と指示を出すと、学習した多くのイヌとネコの特徴や、「友情」の表現方法を組み合わせて、オリジナルの絵を描くことができます。人間の想像力と生成AIとを組み合わせることで、今までにないものが生まれてくるのです。

3 AIと生成AIのちがい

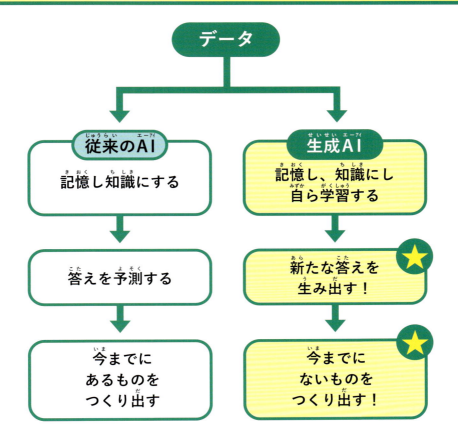

AIと生成AIの大きなちがいは、データの学習の仕方です。AIはデータを記憶し、答えを予測します。例えばイヌの写真を見て「これはイヌです」と答えることができます。いっぽう、生成AIは記憶するだけでなく、自分で学習して新しい答えを生み出します。「宇宙遊泳をするイヌを描いて」と指示を出すと、実際にはだれも見たことがないイヌの絵を描くこともできるのです。生成AIは、今も進化の途中。これからもっと便利になっていくでしょう。

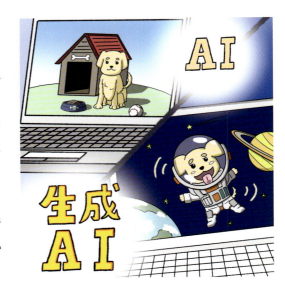

01 文章がつくれる！

生成AIに指示をすれば、さまざまな文章を作成することができます。生成AIはどんな文章をつくれて、どのような場面で役立っているのでしょうか？

news
メールをつくる仕事に生成AI活用。よりお客さんに向き合うことができる

2024年、星野リゾートというたくさんのホテルを経営する会社が、お客さんとのメールのやりとりに生成AI「KARAKURI assist」を使うことにしました。今まで、お客さんからのホテルの予約や問い合わせのメールに答えるのは、ベテラン社員が担当する難しい仕事でした。しかし生成AIにメールでの対応を助けてもらえば、新人社員もベテラン社員と同じように仕事ができるようになるのです。

まず、生成AIに5000以上もの過去のメールを学習させます。すると、生成AIは過去のどんな問い合わせにどう対応したかを把握して、あらゆる問い合わせに対する、ぴったりの返事を書くことができるようになります。また生成AIは、問い合わせがくるたびに自動で返事をつくってくれるようになります。

さらに、人が書いた文章をチェックすることもできるようになります。新人社員が書いたメールも、生成AIが確認することで、言葉遣いや対応のまちがいを減らせます。

星野リゾートの担当者は「生成AIのおかげで、だれでも速く正確に仕事ができるようになります。時間ができた分、もっとお客さまに喜んでもらえるように温かい言葉をメールにつけ加える余裕ができます」と言っています。

考えてみよう！
生成AIの文章作成機能で何ができるの？

1 新たに文章をつくる

生成AIは指示があれば、新たに文章をつくり出せます。例えば、メールや報告書のほか、物語なども書くことができます。さまざまな書き方で、どんな長さの文章もつくれるので、目的や読み手に合わせた文章をつくることが可能なのです。

2 文章をまとめる

長い文章や複雑な文章も、生成AIは短くわかりやすくまとめることができます。本や新聞の文章を書くときや、会議の記録を要約するときに役立ちます。大量の文書から特定のテーマに関する情報を取り出し、整理することもできるため、研究や調査のときにも活躍します。

3 文章を翻訳する

生成AIはちがう言語への翻訳がかんたんにできます。単語の意味や文法を理解するだけでなく、国の文化的なちがいもふまえて翻訳することができます。外国の本やニュースを読むときに便利です。またアプリを使ってその場で翻訳し、会話することもできます。

4 文章が正しいか確認する

生成AIは、文章の文字や文法が正しいかチェックすることができます。もしまちがいがあれば、修正まで行うこともできます。それだけでなく、書いてあることが事実かどうかを調べたり、理屈が正しいかを確認したりすることもできます。

02 音声がつくれる！

生成AIは音声をつくることも自由に行えます。生成AIによってつくられた音声が、私たちの暮らしにどのように役立つのか見てみましょう。

news
ロボットと1対1英会話。
生徒「通じた」「気軽に話せた」

2024年6月、富山県朝日町の中学校で、生成AIを使った英語の授業が始まりました。

授業では、ひとりずつタブレットを使って、生成AI「ChatGPT」と英語の練習をします。

まずは「休日は何してる？」「ゲームについて」など日常会話をします。ChatGPTは、自分の選んだ速さや難しさで対応してくれるので、生徒たちは楽しく会話できます。

タブレットで練習をした後は、生成AIを搭載したロボット「Pepper」との英会話に挑戦です。生徒たちは旅行会社の人になりきって、Pepperにおすすめの旅行プランを説明しました。

授業を受けた生徒は「Pepperに自分の英語が通じたときはうれしかったです。新しい友だちができたみたいで、気軽に話せました」と話していました。担当の先生は「ロボットと話す練習をすることで、まちがえるのがこわくなくなります。ひとりひとりに生成AIの先生がついているみたいでいいですね」と話していました。

いつでもどこでも練習できるため、自分のペースで楽しく学べるという点も大きなポイントです。

これからもっと多くの学校で、生成AIを使った授業が増えることでしょう。

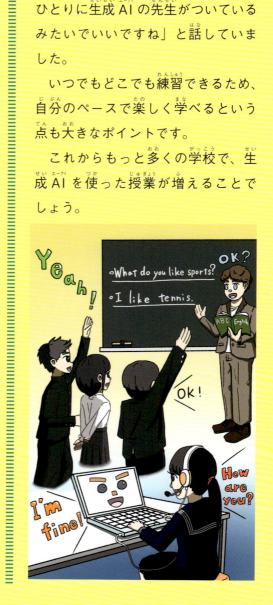

考えてみよう！

生成AIの音声作成機能で何ができるの？

1 文章を読み上げられる

生成AIが文字を音声に変えて読み上げます。本やニュースの内容を音で聞けるので、移動中や、手がはなせないときにも情報を得られます。お年寄りや目の不自由な人にも便利です。駅のアナウンスなど、すでに多くの場面で活用されています。

2 オリジナル音声がつくれる

生成AIは人間の声に似た音声をつくり出せます。電話の自動応答システムやカーナビの音声案内で、すでに使われています。アニメキャラクターや歌手の声を再現できるうえ、自分好みの声もつくれるので、プロの音楽や映像の世界でもたくさん活用されています。

3 音声認識ができる

人間の話す言葉を聞き取って、文字に変えることができます。会議の内容を文字にしたり、テレビの映像に字幕をつけたりします。スマートフォンに話しかけて操作する機能もこの技術が活かされています。方言や専門用語も理解できるようにどんどん進歩しています。

4 通訳ができる

ある言語で話された内容を、その場で別の言語に通訳します。海外旅行先や外国の人との会議などで、ちがう言語を話す人同士がコミュニケーションを取ることができます。多くの人に利用されればされるほど、生成AIが学習して、通訳がうまくなっていきます。

03 画像がつくれる！

生成AIを使えば、イラストや写真をつくることができます。生成AIがつくった画像が、世の中でどのように使われているのか、見てみましょう。

news
「これ生成AIがつくったの？」「かわいい！」。生成AIモデル誕生

全国にたくさんのお店をもつ衣料品店「ファッションセンターしまむら」が、生成AIでつくったモデルを起用することになりました。モデルの名前は「瑠菜」。20歳で、服の勉強をしている学生という設定です。

生成AIでつくった瑠菜の顔は、多くの人がきれいだと思う顔を学習して、その平均となる顔をベースに、くちびるや目をちょっと大きくしたり、笑顔を調整したりして、よりかわいく見えるように工夫したものです。瑠菜の画像が発表されると、「すごくかわいい」「笑顔がすてき」と大きな話題となりました。多くの人に気に入ってもらうことに成功したのです。

生成AIモデルには、スケジュール調整や撮影に時間がかからないという長所があります。生成AIモデルをあつかう会社によると、撮影にかかる費用の多くが削減できるそうです。

これからは、生成AIモデルがもっと増えていく可能性があります。

いっぽうで「生成AIモデルはちょっと変な感じがする」「生身の人間を応援したい」という人もいます。生成AIがつくった画像がこれからいろいろな場所で活用されるときには、人々が不安にならないように配慮が必要になります。

考えてみよう！

生成AIの画像作成機能で何ができるの？

1 絵がつくれる

生成AIは、アニメのキャラクターや風景画など、いろいろな種類の絵を指示にそって描くことが可能です。指示が具体的で的確であればあるほど、どんどんイメージする絵に近づきます。すでにインターネット上には生成AIで描かれた絵がたくさんアップされています。

2 写真がつくれる

生成AIは、実在しない人や行ったことのない場所の写真をつくることができます。「未来都市の空中庭園」など、思い描いた人物や場面を写真にします。生成AIがつくった写真は本物そっくりなので、悪用すると、うその画像で人をだますこともできてしまいます。

3 デザインができる

生成AIは、ロゴやポスター、Webサイトなどを人に代わってデザインすることができます。文章や写真、イラストをつくりながら、デザインもできるので、チラシやパンフレットを生成AIだけでつくることが可能です。すでに多くの人に気軽に活用されています。

4 医療に役立つ

生成AIは、医療の分野でも役立ちます。患者の体を3D画像で表示して手術計画を立てたり、新しい薬の物質としての構造を画像にしたりと、さまざまな場面で活用されています。生成AIは言葉で説明するのが難しい、体の中や薬の構造も画像でかんたんに説明してくれるのです。

04 動画がつくれる！

生成AIは、動画をつくり出すこともできます。生成AIがどのような動画をつくることができ、その動画がどのような場面で役立つのかを見てみましょう。

news
アメリカのトイザらスが生成AI「Sora」でつくったCMを公開

　おもちゃ販売店の「トイザらス」が、生成AI「Sora」を使った新しいテレビCMをつくりました。Soraは、文章で指示するだけで、動画をつくることができる生成AIです。今回のCMは、トイザらスでは、はじめて生成AIを使ってつくられたCMとなりました。

　CMでは、トイザらスをつくったチャールズ・ラザローが子どもだったころが描かれています。ラザローが後のトイザらスのマスコットキャラクターとなるキリンの「ジェフリー」といっしょにいねむりをすると、夢の中で、たくさんの星がかがやいていて、とてもきれいな世界が広がっているのです。目を覚ますと、実家の自転車屋さんがおもちゃ屋さんに変わっていきます。それが後のトイザらスにつながったという内容です。

　このCMはたった数日で完成。ふつうのCMをつくるよりもずっと早くできあがりました。また、その動画はおどろくほど質の高い映像で好評でした。いっぽうで、「生成AIが人間の仕事をうばっている」という否定的な意見もよせられました。

　今までCGを使った動画には大きな費用がかかりました。しかし生成AIを活用すると、安く早くCGをつくることができます。

　これからこの分野でもより広く活用されると考えられます。

考えてみよう！

何をもとに生成AIは動画をつくるの？

1 文章からつくる

生成AIは、文章を入力するだけで、内容に合わせた動画をつくることができます。「宇宙ステーションから見た地球」と書けば、地球が宇宙空間にかがやく動画が生まれます。アニメのようにも実写のようにもつくることができ、難しい操作は必要ありません。

2 画像からつくる

生成AIは、1枚の画像をもとに動画をつくることも可能です。1枚の風景写真から、風で木々がゆれる様子をつくり出せます。1枚の人物の写真から、表情や姿勢を変化させた動画も作成します。いくつかの画像があれば、つなげた動画をつくり出すことも可能です。

3 音楽からつくる

生成AIは、音楽に合わせた動画をつくることができます。曲の雰囲気やリズムを分析して、ぴったりの動画をつくります。激しい曲なら派手な動画、静かな曲ならおだやかな動画をつくります。ミュージックビデオづくりでこれから活用されていくでしょう。

4 ニュースからつくる

生成AIは、ニュース記事をもとにした動画をつくります。文章の要点をぬき出し、関連する映像や図を自動で組み合わせるのです。天気予報なら雲の動きを見せたり、選挙結果なら得票数をグラフで表したりと、これからはニュースの番組などで活用されるでしょう。

05 プログラムがつくれる！

コンピューターを動かすためには指示を出す「プログラム」が必要です。プログラムづくりは難しい作業ですが、生成AIがあれば、よりかんたんに行うことができるのです。

news
大学生が生成AIで100日連続 100本のプログラムを作成

当時、中央大学経済学部4年生だった大塚あみさんが、生成AI「ChatGPT」を使って100日連続で100本のプログラムをつくりました。大塚さんはChatGPTを毎日9時間以上使って、1日800〜1000行ものプログラムを書いたといいます。やり方としては、基本的なプログラムをつくらせてから、それを改善するよう指示を出し続けたそうです。さらに、ChatGPTから専門的な提案をされるたびに自分でも勉強し、プログラムの設計や書き方を学びました。

そしてこの過程で、「生成AIに指示を出すときの言葉がプログラムの設計図と同じような役割を果たす」と発見しました。大塚さんの挑戦は高く評価され「2023年ネットワークソフトウェア若手研究奨励賞」を受賞。スペインの国際学会でも発表することになりました。

大塚さんは「これからは生成AIの時代。だからこそ、それを活かすためにもっとプログラミングの勉強をすることが必要になる」と言っています。

生成AIを「プログラムを生み出すためのパートナー」として活用する大塚さんの姿勢は、プログラマーを目指す人たちだけでなく、プログラムは難しいとあきらめていた人たちにも大きなヒントをあたえました。

考えてみよう！
プログラム生成機能はどこがすごいの？

1 方法を考えずにすむ

「ゲームをつくって」「計算ツールをつくって」など、やりたいことを伝えるだけでプログラムをつくってくれます。例えば「3×3のパズルゲーム」と指示すれば、生成AIがコードをつくります。人間が細かい手順を考える必要はありません。

2 専門知識がいらない

プログラミング言語や技術的な知識がなくても、欲しいプログラムがつくれます。難しい用語や複雑な書き方を覚えなくても、自分のアイデアを実現できるのです。プロのプログラマーでなくても、だれでもかんたんにアプリづくりに挑戦できます。

3 作成時間が短い

生成AIが高速で作業してくれるので、思いついたアイデアをすぐに形にできます。かんたんなプログラムなら一瞬で完成します。思いなやむ時間も大幅に短縮できるので、生成AIにプログラムをつくる作業をまかせて、その分人間はほかの作業ができるのです。

4 お金がかからない

多くの生成AIのプログラム生成ツールは、無料か低価格で利用可能です。小さな会社や個人でも、アイデアさえあればかんたんにプログラムをつくり出すことができます。プログラマーをやとったり、専用のアプリを購入したりするためのお金を節約できます。

Canvaで生成AIを使ってみよう!

社会5年生「自動車をつくる工業」

　Canvaはデザインをするためのものです。最近では学校などのさまざまな場面で使われるようになり、現在日本で130万人以上の子どもや先生たちが授業などで使っています。社会5年生の教科書（東京書籍）にある「自動車をつくる工業」では、自動車づくりに関わる人たちが、買う人たちの願いや社会の変化に応え、優れた自動車をつくるために行っている工夫や努力について考えます。あなたもCanvaの画像生成機能を使って、自動運転が可能になって運転席がいらなくなった「未来の自動車」をつくってみましょう！

※このページで紹介しているのは、ひとりの子どもがつくった画像ではありません。何人かの子どもの作品をまじえて紹介しています。また同じプロンプト（指示）を出しても同じ画像が生成されるとは限りません。

1 どうやってつくるの?

❶ Canvaの「ドリームラボ」のページにアクセスする。
❷ ウィンドウにプロンプトを書く。
❸ ドリームラボが絵を生成する。
❹ 画像を保存する。

2 プロンプトのポイント

「自動運転が可能になり、運転席が不要になったら、広い車内スペースをどう活用するか」について考えるための指示をする。

【例】
自動運転が可能になり、運転席が不要になった自動車の広い車内。重力をコントロールして、浮遊体験を楽しんでいる様子。

子どもたちがCanvaでつくった画像

「プロンプト」重力をコントロールして、浮遊体験できる自動車。宇宙旅行をシミュレーションしたり、無重力ヨガが楽しめたりする。

「プロンプト」とれたての魚を車内で調理し、消費者のもとに直接運ぶ自動車。生成AIで魚の状態が分析され、最適な調理法を教えてくれる。

※Canva（https://www.canva.com/）を利用する際は登録が必要です。大人といっしょにログインしてください。Canvaについてくわしくは、1巻のp26-27「Canvaで生成AIを使ってみよう！」を見てみてください。ドリームラボを利用する際は大人といっしょにCanvaにアクセスしてください。

「プロンプト」無人救急車。AI が急病人の状況を分析。はなれた病院から、医師の指示により手術することができる。

「プロンプト」VR システムを搭載し、目的地に着く前からその土地の過去・未来の姿を見ることができる。

「プロンプト」VR ゴーグルを装着する。車の動きや揺れに合わせて、生成 AI が最適な映像を VR で楽しませてくれる。

「プロンプト」フロントガラスに次々とモンスターが現れ、倒しながら目的地までの道のりをゲーム感覚で楽しむ。

「プロンプト」バーチャルトレーナーの指示で、そのときの筋肉状態に応じた筋トレができる。

「プロンプト」乗客の精神状態を調べて、ぴったりな音楽、映像、光の組み合わせでストレスをなくしてくれる。

協力：生井光治先生

実際に生成AIを使った例を見てみよう！

外国語6年生「世界で役立つ未来の日本製品」

外国語6年生の、世界の人に向けて、自分たちが考えた未来の日本製品を英語でプレゼンテーションする授業です。10年後、20年後の未来の日本製品を考えてみましょう。実際の授業では、Canvaを使って動画を制作し、教室で製品の魅力を英語でプレゼンテーションしました。

※このページで紹介しているのは、ひとりの子どもがつくった動画ではありません。何人かの子どもの作品をまじえて紹介しています。また同じプロンプトを出しても同じ動画が生成されるとは限りません。

1 どうやってつくるの？
❶ Canvaの「ドリームラボ」のページにアクセスする。
❷ ウィンドウにプロンプトを書く。
❸ ドリームラボが動画を生成する。
❹ 動画を保存する。

2 プロンプトのポイント
● 使う人を明確にイメージした指示をすること。
● 機能的な製品にすること。
● SDGsを意識すること。

子どもたちがCanvaでつくった動画

『ANYTHING GLASSES』
「プロンプト」自分の知りたいものをなんでも教えてくれるメガネ。スマートフォンよりかっこよくて、操作がかんたん。歩くことでエネルギーがたまるので充電いらず。運動不足も解消できる。

『SUPER NATURE CONTROLLER』
「プロンプト」自然をあやつれるマシーン。人間にとって危険な台風や地震のエネルギーを事前に感知して、そのエネルギーを別のエネルギーに変えることができる。

『Super basketball suits』
「プロンプト」バスケットボールが苦手な人もこれを身につけるとスーパープレイができる。ソーラーエネルギーで動く。

『Sustainable Car』
「プロンプト」余った食材で動くエコカー。自動操縦で体が不自由な人やお年寄りでも運転できる。排気ガスを出さず、海の上も走行可能。

『SDGs Vending Machine No.2』
「プロンプト」経済が豊かな国が支援したい国にプレゼントできる。リサイクルされた食べ物がだれでも無料で手に入る機械。

『Pop-kun』
「プロンプト」水素で走るおしゃべり大好きおそうじロボット。街中おそうじしながら、なんと道案内までしてくれる。

『G max』
「プロンプト」病気や事故で言葉を発することができなくなった人でも、考えていることを、音声や画像で相手に伝えることができる機械。

『Super jump shoes』
「プロンプト」はいてジャンプすると、空を飛ぶことができるクツ。行きたいところを伝えると連れて行ってくれる。スピード調整も思いのまま。

協力：恩地麻里先生

さくいん

あ行

アイデア …………………………… 25

アニメ ……………………… 13、17、21

イメージ ………………… 17、19、28

イラスト ………………………… 15、17

医療 ……………………………………… 17

絵 …………………… 4、5、17、26、28

英語 …………………… 10、11、12、28

お年寄り ……………………… 13、29

オリジナル ………………………… 4、13

音楽 ………………………… 13、21、27

音声 …………………… 10、11、13、29

音声アシスタント ……………………… 4

音声認識 …………………………… 13

か行

学習 …………… 4、5、8、13、16、23

確認 …………………………………… 8、9

画像 ‥ 14、15、16、17、21、26、29

学校 ……………………………… 3、12、26

活用 …………………………………… 8、10、
13、16、17、20、21、22、24、26

KARAKURI assist ……………………… 8

キャラクター ……………… 13、17、20

Canva ………………… 3、26、28

曲 ………………………………………… 21

ゲーム ………… 12、22、23、25、27

効率化 …………………………………… 7

コード ……………………………… 22、25

コミュニケーション ………………… 13

コンピューター ………………… 4、23

さ行

サービス ……………………… 3、6、7

再現 …………………………………… 13

撮影作業 …………………………… 15

CM ……………………………… 19、20

ジェネレーティブAI ………………… 4

指示 ………………… 4、5、7、9、17、
19、20、23、24、25、26、27、28

実写 …………………………………… 21

自動運転 …………………………… 26

字幕 …………………………………… 13

写真 ……… 4、5、15、16、17、21

授業 ……………………… 3、12、26、28

スケジュール ……………… 14、15、16

スマートフォン ……… 4、13、19、28

3D画像 ……………………………… 17

Sora ………………………………… 20

た行

タブレット .... 10、12
ChatGPT .... 12、24
通訳 13
ディープラーニング 4
デザイン .... 17、26
天気予報 21
トイザらス 20
動画 .... 18、19、20、21、28

な行

ニュース .... 2、9、13、21

は行

バーチャルトレーナー 27
パソコン 19
費用 .... 15、16、18、20
ファッションセンターしまむら 16
VRゴーグル 27
プレゼンテーション 28
プログラム .... 22、23、24、25
プロンプト .... 26、27、28、29

文章 ‥ 6、7、8、9、13、17、20、21

Pepper 12
方言 13
星野リゾート 8
翻訳 9

ま行

まちがい .... 8、9
ミュージックビデオ 21
メール .... 6、7、8、9
モデル .... 14、15、16

や行

要約 9

ら行

ロボット .... 11、12、29

監修
坂本良晶
（さかもとよしあき）

1983 年生まれ。京都府で 13 年間小学校の教員を勤めたのち、2024 年から Canva Japan に入社、Canva Education Senior Manager の立場で日本の自治体への Canva 教育版（自治体向け）の導入や研修を主な業務としている。教員時代には『さる先生の「全部やろうはバカやろう」』『授業・校務が超速に！ さる先生の Canva の教科書』等 10 冊の本を出版、いずれもベストセラーに。また文部科学省学校 DX 戦略アドバイザーとして多数の学校の支援もしている。また、Voicy パーソナリティとして、または 運営するコミュニティ EDUBASE などでも多くの教師に支持されている。そして小五と小二の 2 児の父でもある。

執筆：猪狩はな
装丁・本文デザイン：内海 由
イラスト：梅雨
編集：303BOOKS
企画・編集担当：門脇 大

未来を広げる　生成AI
②生成 AI ができること

監修：坂本良晶
編集：303BOOKS
2025 年 3 月　初版第 1 刷発行

発行者　三谷 光
発行所　株式会社汐文社
　　　　〒 102-0071　東京都千代田区富士見 1-6-1
　　　　TEL：03（6862）5200　FAX：03（6862）5202
　　　　https://www.choubunsha.com
印　刷　新星社西川印刷株式会社
製　本　東京美術紙工協業組合

ISBN978-4-8113-3213-0